APRENDE A ESTIMULAR A TU BEBÉ

Las claves para desarrollar los sentidos del lactante

Por Dominique van der Kaa
Traducido por Laura Soler Pinson

Salud y bienestar 50MINUTOS.es

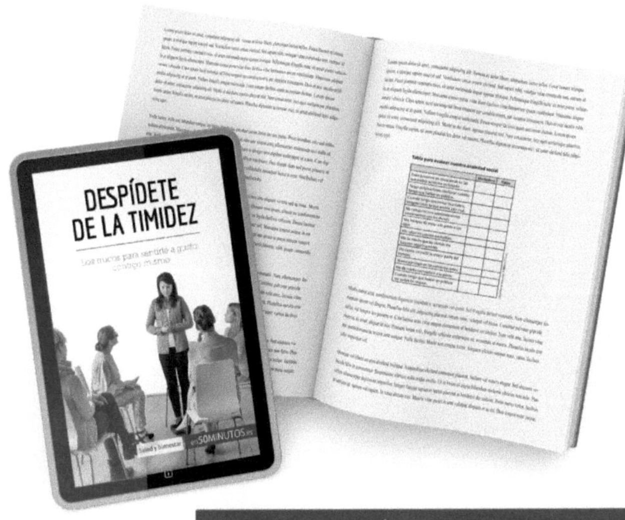

50MINUTOS.es
SI TU VIDA ES UNA MONTAÑA RUSA,
¡DISFRUTA DEL VIAJE!
DESPÍDETE DE LA TIMIDEZ
Domina tus celos
Aprende a quererte
Logra que tu hijo se divierta aprendiendo
Aprende a aceptar a los demás
www.50minutos.es

CÓMO ESTIMULAR A TU BEBÉ

- **¿Problemática?** Todos los padres saben que los primeros meses de un bebé son determinantes para su desarrollo y su futuro. Así pues, ¿cómo podemos ayudarlo para que adquiera las aptitudes motoras, intelectuales y sociales fundamentales para su futuro?
- **¿Meta?** Comprender el desarrollo psicomotor de un recién nacido y acompañarlo de la manera más adecuada posible en su descubrimiento del mundo.
- **¿Preguntas frecuentes?**
  - ¿Cómo tengo que reaccionar si mi bebé se niega a comer?
  - ¿Qué juguete escojo para mi hijo?
  - ¿Qué opinión merecen los chupetes?
  - ¿Cómo puedo saber si estimulo demasiado a mi bebé?
  - Mi hijo tiene un año y no habla. ¿Es normal?
  - ¿Cómo sé si mi hijo sufre de un retraso en su desarrollo?

Desde su nacimiento, el lactante descubre el mundo, su entorno, su cuerpo y sus capacidades. Si bien durante los primeros meses de su vida el recién nacido depende fundamentalmente de su madre, poco a poco va ganando una cierta autonomía gracias al control de su cuerpo y a sus experiencias vitales. Así también es como empieza a moldear su personalidad. Para los padres, asistir al desarrollo de su hijo es una fuente de fascinación, pero también de preocupación: nos emocionamos cuando sonríe, cuando da sus primeros pasos, cuando pronuncia sus primeras palabras, pero a la vez nos preocupamos por saber si evoluciona con normalidad.

En ese periodo rico en descubrimientos, es importante que acompañemos a nuestro hijo. Pero, ¿cómo ayudar a su estimulación en condiciones seguras, respondiendo a sus expectativas y haciendo que disfrute? Descubre en esta obra todas las claves fundamentales sobre el desarrollo de los más pequeños y una serie de actividades que estimularán sus sentidos de forma eficaz, respetando su nivel de atención.

¿CÓMO SE DESARROLLA TU BEBÉ?

Tras nueve meses de espera, por fin ha nacido tu bebé, que aterriza en un entorno nuevo donde todo está por descubrir. Este lactante, que altera tus costumbres, no siempre resulta fácil de comprender. Sin embargo, es capaz de comunicarse desde su nacimiento gracias a aptitudes que ha desarrollado *in utero*. Estas competencias evolucionarán con el paso de los meses gracias a toda una serie de etapas fisiológicas, intelectuales y sociales como la estimulación de los sentidos, el aprendizaje del lenguaje o, incluso, la evolución de su desarrollo motor y afectivo.

EL DESCUBRIMIENTO SENSORIAL

El tacto

El tacto es el sentido que el feto desarrolla antes. En efecto, puede sentir toques, caricias y otras sensaciones a partir del segundo mes de embarazo. A continuación, a medida que crece y que disminuye el líquido amniótico, las sensaciones táctiles aumentan. A los seis meses de embarazo, se alcanza la maduración del tacto. Así, desde su nacimiento, el recién nacido es sensible al frío y al calor, y también al dolor.

El tacto tiene una gran importancia en la estimulación del lactante: para él, se trata de una manera de entrar en contacto con el otro y de almacenar datos sobre cómo es el mundo exterior. Es la primera forma de comunicación no verbal.

El gusto

La facultad de descubrir los sabores surge pronto en la vida del feto. Hacia la decimosegunda semana de vida embrionaria, se desarrollan las papilas gustativas y aparecen los movimientos de la lengua y la deglución. A partir de ese momento, el feto puede tragar cantidades de líquido amniótico cada vez mayores y, de esta manera, experimentar sensaciones gustativas según el régimen alimentario de su madre. También es sensible ya a los cuatro sabores básicos, es decir, el gusto amargo, ácido, salado y azucarado, con una preferencia por este último.

Tras el nacimiento, cuando el recién nacido tome leche del pecho, probará la leche materna, cuyas primeras secreciones se llaman calostro. Esta sustancia se asemeja mucho al líquido amniótico, por lo que el niño seguirá probando lo que come su madre. Así, se observa que los bebés amamantados se adaptan mejor a la diversificación alimentaria que los que consumen leche en polvo, que siempre sabe igual.

Entre los 4 y los 6 meses, se operan cambios graduales en la alimentación del recién nacido, que podrá descubrir progresivamente nuevos sabores y nuevas texturas.

¿SABÍAS QUE...?

Lo azucarado tiene un efecto tranquilizador en el recién nacido en sus primeras semanas de vida. Por ello, muchos departamentos de pediatría y salas de maternidad sirven al bebé un pequeño biberón de agua azucarada para relajarlo antes de llevar a cabo algunas revisiones.

El oído

El oído es un sentido importante, ya que permite percibir el mundo que nos rodea y acceder a la comunicación. Es el sentido más desarrollado en el feto, que empieza a escuchar a partir del quinto mes de embarazo. Al principio, solo percibe los ruidos que provienen de su madre, como los latidos de su corazón y los sonidos de su sistema digestivo o de su sistema circulatorio, y a continuación se vuelve sensible a los ruidos del mundo exterior: las voces, la música, etc.

Desde su nacimiento, el sistema auditivo del recién nacido es funcional y ya reconoce la voz de sus padres. Hasta los 3 meses, reacciona a los ruidos con sobresaltos, parpadeando, modificando la expresión de su cara, llorando o separando sus cuatro miembros. A partir del tercer mes, gira la cabeza hacia la voz o el ruido detectado, y empieza a balbucear y a manifestar su entusiasmo en cuanto escucha música que le gusta. Interactúa cada vez más con su entorno y se instala el diálogo.

La vista

La vista es el último sentido que se forma *in utero*. Esto ocurre alrededor del séptimo mes de embarazo, y su objetivo principal es establecer el contacto con el mundo exterior y con sus seres cercanos.

Cuando nace, el bebé solo ve objetos en contraste a una distancia de unos veinte a cuarenta centímetros, lo que se corresponde con la distancia entre el pecho y los ojos de su madre. No será hasta más tarde cuando empiece a distinguir los colores: hacia las 6 semanas, descubre el rojo y el verde, y hay que esperar entre cuatro y seis meses para que distinga el azul y el amarillo. También es en esta época cuando el lactante puede reconocer el rostro de su madre entre el de otras personas y puede seguir un objeto en movimiento en las dos direcciones espaciales.

A los 3 meses, distingue objetos familiares, como el biberón. Hacia los 4 meses, el recién nacido empieza a percibir los relieves y a evaluar mejor las distancias. Hacia los 9 meses, puede diferenciar su entorno de las personas desconocidas. Sigue viendo mejor de cerca que de lejos. Para acabar, con 1 año, ha mejorado mucho su visión de lejos, ya que ve los detalles. Por consiguiente, sus capacidades visuales se sitúan cerca de las de un adulto.

El olfato

A menudo nos olvidamos de él, pero el olfato es un sentido muy desarrollado en los bebés. De hecho, el sistema olfativo es uno de los primeros que surge en el útero (cuando se cumplen entre 3 y 4 meses de vida embrionaria). A partir de los 6 meses de embarazo, el feto puede inhalar líquido amniótico y, ya en sus primeros días de vida, puede reconocer el olor materno.

Gracias a ese reconocimiento olfativo, que se intensifica todavía más durante la lactancia, se crea un auténtico vínculo entre el niño y su madre. El bebé se siente en seguridad y, de esta manera, puede desarrollar una relación de afecto sin peligro, fundamental para una evolución sana. Además, los olores pueden marcar el ritmo del día del lactante y ayudarlo a establecer un esquema temporal.

LA ADQUISICIÓN DEL LENGUAJE

El desarrollo del lenguaje es un proceso lento. Desde que nace, el lactante descubre que puede emitir sonidos, que utilizará para informar de sus necesidades, de sus dolores y de sus alegrías. Entiende rápidamente que la entonación de sus gritos o de su llanto lleva aparejada una respuesta más o menos rápida de su madre o de su entorno.

A partir de los 2 meses, el recién nacido vocaliza los sonidos «a», «e» y «o», fonemas universales que usan todos los bebés, incluidos los sordos, independientemente de su lengua materna. Entre 3 y 6 meses, el lactante pronuncia balbuceos (o las vocalizaciones prolongadas como «ajó») y puede reír a carcajadas.

De los 6 a los 9 meses, es la edad del lenguaje disilábico («ba-ba», «ma-ma», «pa-pa»), a la que le sigue una fase de imitación que primero es de sonidos y, después, de palabras. Entre los 8 meses (para los más precoces) y los 20 meses, se asiste al nacimiento de la referencia: para el niño, algunos sonidos designan un objeto o una necesidad. Para acabar, por lo general, entre los 12 y los 18 meses, el bebé empieza a pronunciar palabras separadas y las asocia de dos en dos.

EL DESARROLLO MOTOR

El desarrollo motor del recién nacido abarca la evolución de las habilidades motrices manuales y locomotoras, así como la destreza manual.

En el recién nacido, existen movimientos automáticos, llamados reflejos primarios, que por lo general desaparecen entre los 3 y 6 meses de vida. Entre ellos, encontramos los reflejos de succión, de agarre y de marcha automática.

La adquisición de la habilidad motriz básica varía enormemente de un niño a otro por múltiples factores, ya sean ambientales o físicos. No obstante, se observan algunas generalidades a nivel de las aptitudes y de la edad en la que se adquieren. Así:

- hacia los 2 meses, el lactante puede levantar ligeramente la cabeza y sostenerse con sus antebrazos en posición ventral;
- hacia los 3 o 4 meses, es capaz de mantener su cabeza recta en posición sentada;
- hacia los 4 o 6 meses, puede levantar la cabeza y apoyarse en sus codos cuando está boca abajo y aprende a ponerse boca arriba cuando está acostado;
- hacia los 6 meses, descubre la posición sentada «en trípode»: sus puntos de apoyo son sus piernas separadas y sus manos están situadas lejos, por delante, con el tronco inclinado;
- hacia los 8 meses, se mantiene solo sentado y desarrolla un agarre activo del pulgar;
- hacia los 8 o 9 meses, puede coordinar sus manos y mantenerse de pie apoyándose en los muebles;
- hacia los 10 u 11 meses, utiliza su pulgar y sus demás dedos para formar una pinza con la que manipular pequeños objetos. También es capaz de reptar, gatear y sentarse solo;
- hacia los 18 meses, normalmente el recién nacido puede caminar;
- hacia los 24 meses, aprende a correr y puede subir y bajar las escaleras.

Aunque para los padres siempre resulta agradable ver cómo su hijo evoluciona y se fascina con su entorno, también es cierto que es importante que el bebé adquiera estas competencias motoras gradualmente y a su ritmo. Saltarse las etapas de su aprendizaje podría conllevar graves consecuencias.

EL DESARROLLO AFECTIVO

Cuando nace, el bebé ya posee capacidades comunicativas emocionales y afectivas. Al principio, el afecto a su madre se desarrolla a través de comportamientos innatos. El llanto, la succión o el agarre permiten que el lactante mantenga un contacto físico con ella y que esta le procure un sentimiento de seguridad. Al inicio de su vida, el recién nacido depende totalmente del adulto para saciar sus necesidades primarias. Sus competencias sensoriales están implicadas en las interacciones que tiene con el adulto: busca los contactos físicos y las caricias, y la voz de sus padres lo tranquiliza. A partir de la tercera semana de vida, se observa que la madre y su bebé tienden a mirarse. Así, desde muy pronto, la sonrisa del lactante deja constancia del placer que experimenta cuando entra en contacto con el otro. La sonrisa social se vuelve selectiva a los 3 meses.

Si las respuestas del entorno a las peticiones del recién nacido son adecuadas, este último desarrollará un sentimiento de seguridad, así como una imagen positiva de sí mismo que le servirá de base para adquirir otros elementos. Sin embargo, si estas respuestas no se corresponden con sus necesidades, establecerá lo que se llama un apego angustiado y no tendrá confianza en sí mismo o en el otro.

Al crecer, el lactante adquirirá una autonomía progresiva y se alejará poco a poco de su madre. Para que este proceso de separación y de distanciamiento físico se desarrolle sin problemas y genere un sentimiento de existir, entre el recién nacido y sus padres debe producirse un vínculo afectivo: se trata de apegarse mucho para separarse mejor.

Entre los 2 y 3 meses, se instaura un inicio de diálogo con una alternancia de papeles. Alrededor de los 6 meses, el diálogo se acentúa, ya que el bebé es ahora capaz de imitar sonidos. A esta edad, el recién nacido siempre busca el contacto con su madre y esta búsqueda es cada vez más activa. También se interesa más por su cuerpo y por los objetos que lo rodean. Para acabar, explora la cara del adulto y expresa su descontento y su angustia a través de los gritos.

Entre 8 y 9 meses, como puede distinguir los rostros familiares, expresa su inquietud frente a una persona desconocida.

Alrededor de 1 año, con sus nuevas adquisiciones, el bebé siente alegría en sus desplazamientos, en los gestos que domina y con los juegos y los objetos que controla. Siempre experimenta mucho placer cuando está con su madre y ansía su presencia. Cuando esta no responde a sus llamadas, siente tristeza y, poco a poco, descubre que no siempre puede hacer que ella acuda. Su sentimiento de poder (sentir placer) se ve completado por el de la impotencia, ya que su deseo a veces difiere del que tiene el adulto. A esta edad, también es capaz de dar un objeto al adulto, por lo que se establece una nueva forma de intercambio. Así, se instauran toda una serie de nociones: frustración/permiso, autonomía/dependencia, dar/quitar, cambiar/coger.

También es en este periodo cuando el lactante disfruta adquiriendo nuevas competencias él solo y expresa su necesidad de autonomía. Aparece el «no» y la imitación de la conducta adulta. Se reafirma la personalidad del bebé, aunque sigue sintiendo angustia ante la idea de perder el amor de sus padres. Este temor puede traducirse por una desesperación ante una prohibición o, incluso por problemas para dormirse. Entonces, reclama pequeños rituales de adormecimiento que lo tranquilizan (historias, cuentos, nanas) y que requieren la presencia de un progenitor. Su madre sigue siendo su vínculo preferido en caso de que ocurran desgracias o para los cuidados corporales, pero puede ponerse en contacto con otras personas.

¿CÓMO AYUDAR A QUE TU BEBÉ SE ESTIMULE CON LO QUE LO RODEA?

ESTIMULAR SUS SENTIDOS

Las comidas

La alimentación del lactante es muy favorable para el desarrollo de sus cinco sentidos. Si bien hasta los 4 meses se alimenta exclusivamente de leche —materna o en polvo—, a partir de la introducción de alimentos sólidos o semisólidos, se abre ante él un mundo por descubrir.

Entre los 4 y los 6 meses, ya puedes pensar en diversificar ligeramente su alimentación, siempre teniendo en cuenta que su comida tendrá que estar correctamente triturada hasta llegar a un puré uniforme. Si tu bebé presenta alergias o si existen antecedentes familiares de este tipo, no te precipites y espera hasta que cumpla 6 meses. No dudes en pedir consejo a tu pediatra. Vete poco a poco y haz que pruebe los alimentos uno por uno. Empieza por las frutas y verduras que comes a diario: tu bebé las conoce, ya que las ha probado durante tu embarazo.

Pero no solo se estimula el sentido del gusto con las comidas. En efecto, durante ese momento especial, puede apelarse a todos los sentidos. Por ello, varía los colores y las texturas, haz que huela lo que come, etc. Intenta diversificar su alimentación al máximo, ya que la monotonía de la comida no solo puede generar cierto hastío, sino también un miedo a la novedad.

Si se niega a comer ciertos productos, no lo fuerces. Vuelve a introducir el temido alimento en unas condiciones adecuadas (en un ambiente tranquilo, a través del juego, etc.), sin esconderlo y presentándolo de una forma agradable para el ojo, para que tu bebé quiera probarlo. No instaures jamás un sistema de recompensa/castigo, puesto que esto lo condicionará a buscar una situación donde obtendrá los mayores beneficios secundarios posibles. Igualmente, jamás felicites a tu hijo porque come bien, ya que podría comer cantidades superiores a las que necesita pensando que así te agradará.

No dudes en implementar pequeños rituales que anuncien las comidas: explícale lo que sucede, ponle un babero, muéstrale los alimentos que cocinas, etc. El momento de la comida siempre debe ser un momento único entre el hijo y sus padres y tiene que desarrollarse en un ambiente tranquilo.

El masaje

Para los padres, el masaje del lactante es la forma de transmitir su afecto a través del tacto. No obstante, debemos aclarar que esta práctica solo puede iniciarse cuando el recién nacido ha cumplido 1 mes, ya que antes el ombligo todavía no ha cicatrizado.

Durante los años 2000, aparece una nueva forma de masaje: el masaje Shantala. Se trata de un arte tradicional cuyo objetivo es ayudar al bebé a crecer correctamente gracias a un acompañamiento sereno y a una relación padre-hijo privilegiada. La técnica nace en una reunión entre un obstetra occidental, Frédérick Leboyer (1918-2017), y una joven india de la región de Calcuta llamada Shantala, y consiste en masajear las distintas partes del cuerpo del niño, yendo de arriba abajo, con un movimiento de vaivén de corto recorrido y de baja intensidad.

Están más que probados los numerosos beneficios del masaje sobre el desarrollo afectivo, motor y sensorial del lactante:

- estimula los distintos sistemas del organismo (sanguíneo, linfático, digestivo, respiratorio, nervioso) y, de esta manera, puede servir para aliviar los cólicos y el estreñimiento, para descongestionar los senos nasales, para despejar las vías respiratorias, etc.;
- ayuda al bebé a afinar su esquema corporal y

facilita su desarrollo psicomotor, proporcionándole más agilidad y un mejor tono muscular, y estimulándolo poco a poco;
* refuerza el vínculo afectivo entre el recién nacido y la persona que lo masajea;
* se convierte en un método de relajación muy eficaz si se lleva a cabo en un ambiente tranquilo y sereno;
* permite instaurar un clima adecuado para la comunicación. Además, implica un intercambio de palabras y de sonrisas, que reviste un carácter lúdico y facilita la adquisición de aptitudes intelectuales;
* exige un contacto directo entre el bebé y su masajista, lo que requiere una cierta confianza.

Otras actividades

Existen muchas actividades del día a día que permiten estimular los sentidos de tu hijo, pero lo importante es que siempre se lleven a cabo respetando su ritmo y su desarrollo. Así, el paseo es una excelente ocasión para permitir que descubra el mundo exterior y se recomienda desde temprana edad. El baño también constituye un momento de interacción ideal para enriquecer sus capacidades sensoriales, etc.

DESARROLLAR SUS CAPACIDADES CEREBRALES

El lenguaje

Es muy importante que hablemos a nuestro bebé, incluso si este no puede responder de forma inteligible, ya que lo ayudará a desarrollar sus aptitudes lingüísticas y cerebrales.

Cuando un progenitor se dirige a su hijo, adopta espontáneamente una voz más aguda que de costumbre. Los especialistas ingleses llaman *motherese* al registro empleado para hablar con bebés. Este lenguaje infantil se caracteriza por un ritmo más bajo, una prosodia marcada y un vocabulario infantil, y, en realidad, se sitúa muy cerca del que emplea el lactante. Así, se trata de una manera afectiva de captar su atención. Cuando el lenguaje del niño evoluciona y este intenta progresivamente imitar al adulto, esta «lengua de bebé» va siendo sustituida por un lenguaje ordinario que permite que este último adquiera vocabulario y una sintaxis.

Sigue estos pocos consejos para estimular las competencias lingüísticas de tu lactante:

- responde con una sonrisa a todos sus intentos de comunicación;
- háblale cada vez que estáis juntos: cuando lo cambias, en el baño, en las comidas, etc.;
- más adelante, evita el idioma «bebé» y opta por utilizar palabras reales articulando bien;
- acentúa tus entonaciones;
- añade mímicas y gestos;
- nombra todo lo que llama su atención, lo que manipula;
- describe lo que le rodea, tus acciones y las suyas;
- utiliza instrucciones sencillas y forma frases cortas;
- favorece las interacciones, que son momentos privilegiados de lenguaje, jugando con él, dándole un tiempo de palabra;
- reformula correctamente las palabras que intenta pronunciar.

cuando le hablas para que vea sin mayor dificultad.

TRANSFORMAR EL JUEGO EN HERRAMIENTA DE APRENDIZAJE MOTOR Y AFECTIVO

Jugar permite un estímulo multisensorial del recién nacido, ya que apela a todos sus sentidos. A través de estas actividades lúdicas, descubre el mundo que le rodea, practica distinguiendo los colores y las formas, conoce los sonidos y los ruidos e, incluso, percibe las distintas texturas gracias al tacto.

Estos juegos no solo lo ayudan a comprender su entorno, sino que también contribuyen a su desarrollo motor. En efecto, a medida que el lactante manipula sus sonajeros, sus cubos y sus móviles de cuna, sus gestos y sus movimientos se vuelven más precisos y se fija su atención.

Jugar juntos

Un recién nacido es capaz de adquirir por sí solo muchas aptitudes si se encuentra en unas buenas condiciones afectivas. De esta manera, podrá desarrollar su motricidad, ya sea global o fina, y aumentar su conocimiento de las personas y de los objetos que lo rodean. Si juegas con él, crearás una relación basada en la interacción y en la afectividad. Tu bebé es feliz cuando uno de sus padres le dedica un poco de tiempo.

- Hasta los 3 meses, el juego todavía no formará parte integrante del día a día de tu recién nacido. No obstante, puedes estimularlo practicando algunos gestos diarios, como animarlo a realizar movimientos de pedaladas con sus piernas, que lo ayudarán a sentir su cuerpo, o también llevarlo en un fular, respetando la posición fisiológica del bebé.
- De 3 a 6 meses, tu lactante desarrolla algunas capacidades sensoriales y motoras. Es el momento de ayudarlo en su aprendizaje: estimula su oído haciendo que escuche, por ejemplo, sonidos variados, como los ruidos de los animales.
- Entre 6 y 12 meses, tu bebé ya ha crecido mucho. Es el momento adecuado para introducir juegos motores que lo ayudarán a definir sus competencias intelectuales, motrices y socia-

les, como las carreras gateando, las partidas al escondite, leer historias, pequeños conciertos improvisados o, incluso, las canciones infantiles.

• Entre 1 y 2 años, el niño siente el deseo de imitar a sus padres en sus tareas cotidianas. Deja que te acompañe y que te ayude a preparar la comida, a guardar los platos, a doblar la ropa o a limpiar la mesa. Al llevar a cabo estar tareas, dará una mayor definición a sus movimientos y a su coordinación y tendrá más autoconfianza. El objetivo no es que ejecute perfectamente lo que le pidas, sino más bien que disfrute haciendo por sí solo pequeños gestos en tu compañía.

El tiempo con el que contamos para ocuparnos de nuestro hijo varía considerablemente de un padre a otro. Sin embargo, lo importante no es el número de horas que pasamos con nuestro bebé, sino la calidad del tiempo que invertimos en esa relación.

Jugar solo

Intenta dejar algunos instantes de soledad a tu hijo para que pueda observar lo que le rodea. No es fundamental que siempre esté presente un adulto para divertir al recién nacido, ya que este es capaz de ocuparse él solo durante un cierto lapso de tiempo. Dejarlo jugar con total autonomía es darle momentos para que exprese su creatividad y su potencial. Para ayudarlo, crea un entorno atractivo y seguro, y coloca juguetes a su alcance. Esos minutos que pasa solo revisten una gran importancia para el desarrollo de tu hijo, ya que le permiten aceptar la soledad y despegarse del adulto, lo que favorecerá una separación sana y serena en el futuro.

La elección de los juguetes

Es importante elegir un juego que se adapte a la edad y al desarrollo del bebé. Los juguetes deben resultar atractivos y ser de buena calidad para llamar su atención y evitar que se canse demasiado rápido. Es inútil que le ofrezcas demasiados juguetes a la vez: limita las opciones a tres o cuatro y, sobre todo, respeta su juguete favorito, incluso si este es viejo o feo, o está roto, ya que lo tranquiliza y lo calma.

Entre 1 y 3 meses, el lactante está poco activo. Por lo tanto, el principal objetivo de los juguetes es llamar su atención y estimularlo poco a poco. Así, intenta:

- optar por juegos con un gran contraste negro/blanco, en vez de objetos de colores;
- favorecer los que hacen sonidos o música para desarrollar su audición;
- situar un móvil encima de su cuna. Al seguir con la mirada su movimiento, aumentará su capacidad de exploración visual.

De 3 a 6 meses, los juguetes se vuelven más interactivos. Por ejemplo, puedes:

- situar un espejo delante de tu hijo para permitir que se mire y para darle una visión global del cuarto en el que se encuentra;
- colocarlo boca abajo y poner un juguete al lado para animarlo a que se dé la vuelta;
- proporcionarle juegos de exploración dándole cubos de distintos materiales, sonajeros

con cascabeles, juguetes sonoros, pequeños personajes o animales muy suaves y fáciles de agarrar, etc.

TRUCO

Para delimitar su espacio de juego, pon a su disposición una alfombra de colores. Además de su papel tranquilizador, esto ayudará al lactante a concentrarse y a organizar su actividad.

De 6 a 12 meses, tu hijo ha adquirido muchas aptitudes psicomotoras. Por lo tanto, necesita juguetes adaptados a estas nuevas competencias. Puedes:

- proponerle juegos sonoros y luminosos. En seguida comprenderá que puede influir en el ruido o en la luminosidad del objeto gracias a diversas manipulaciones;
- ofrecerle diccionarios ilustrados. Estos breves libros tienen la particularidad de ser muy interactivos. El niño se siente atraído por las texturas diferentes y los colores, a menudo hay espejos, etc. Además, estas obras lo ayudan a

asociar una imagen o un sonido a una palabra;
- darle juegos para apilar. Estos juguetes desarrollan su sentido de la observación y de la precisión, así como su concentración.

De 12 a 18 meses, la capacidad motora del niño evoluciona cada vez más y sus competencias intelectuales se reafirman. Los juegos que animan el enriquecimiento cultural, cerebral y motor se convierten en imprescindibles. No dudes en:

- favorecer los juguetes que se tiran, se empujan o ruedan, es decir, todo lo que invita al niño a moverse;
- dirigirte hacia los juegos de habilidad (encajar formas, ordenarlas, etc.);
- regalarle un balón para ayudarlo a encontrar su sentido del equilibrio y a mejorar su coordinación.

TRUCO

Cuando se termina el juego, guárdalo en una estantería baja para que tu hijo pueda cogerlo y volver a empezar solo la actividad.

De los 18 meses a los 2 años, el niño entra en una fase de reflexión. Por consiguiente, opta por los llamados juegos educativos y los juegos simbólicos, como:

- los juegos de habilidad;
- los juegos de construcción;
- los cochecitos, las muñecas y los camiones;
- las cocinas, los supermercados o los garajes en miniatura.

¿SABÍAS QUE...?

Según un estudio realizado en el Centro Médico Cohen Children de Nueva York, los niños expuestos a las pantallas táctiles antes de los 3 años presentarían un retraso en el desarrollo del lenguaje. Así que apaga los ordenadores y la televisión y juega con tu bebé.

ESTIMULAR A TU BEBÉ ES PREPARARLO PARA EL FUTURO

LA EDUCACIÓN

La educación es fundamental para tu hijo, ya que le ofrece la posibilidad de realizarse, de estimularse y de prepararse para la vida social mientras respeta su ritmo de desarrollo.

Un niño necesita límites. Esta regla también se aplica al lactante, cuando está en un momento en el que lo quiere todo y en seguida. Y es que tu bebé es un pequeño curioso que todavía no conoce la noción de paciencia. Por lo tanto, el papel de los padres es inculcarle el concepto del «no» e instaurar un sistema de normas que lo ayudarán a evolucionar respetándose a sí mismo y respetando a los demás.

¿Cómo debo proceder?

Para ser capaz de ofrecerle una educación sana, respetuosa y eficaz, es importante mantenerse firme y tranquilo. Se trata de demostrar una autoridad positiva, explicando a tu hijo con calma que existen reglas que respetar y que será castigado si las infringe. Cuando riñes a tu hijo, nunca hay que limitarse a gritar o a enviarlo al rincón. Al contrario, infórmale, hazle saber que lo que ha hecho está mal y que tendrá que pedir perdón y pensar en sus actos. No obstante, es importante no alargar demasiado el castigo. De esta manera, podrá asimilar más fácilmente lo que puede hacer o no, en casa o en el lugar donde se encuentre.

Estos consejos te ayudarán a dibujar límites y a orientar adecuadamente la educación de tu hijo:

- respeta su ritmo y utiliza pequeños rituales para estructurar su jornada y tranquilizarlo;
- no acudas a la habitación del lactante ante cualquier llanto si se han saciado todas sus necesidades. Espera un poco para ver si se calma solo;

- haz que espere un poco antes de darle el objeto en el que ha fijado la mirada y niégate si este representa un peligro, siempre explicándole las razones;
- implementa un sistema de recompensa —salvo para las comidas—. Esta forma parte integrante de la educación, pero debe ser espontánea y estar justificada. Así, evita las recompensas condicionales, como «si... tendrás...»;
- enséñale a ser educado, animándolo a decir «hola», «adiós», «por favor», «gracias», «perdón», etc.;
- acostúmbralo a esperar su turno y no cedas ante sus caprichos;
- evita las frases negativas, ya que un niño de menos de 2 años no entiende la negación. Si dices «¡No te subas al sillón!», él escuchará «subir» y «sillón», y se instalará en él, incluso si corriges tu prohibición. Opta mejor por: «¡Baja del sillón!»;
- pídele solo una cosa a la vez. Un niño solo retiene una acción, por lo que es inútil comunicarle varias consignas;
- facilítale la tarea con ideas simples y claras y acompaña el gesto con la palabra. Hasta los 2 años, el niño tiene una percepción senso-

riomotriz y, por lo tanto, es más sensible a los gestos que a las palabras.

No olvides que, en una pareja, la educación se hace colaborando. Los padres deben mantenerse unidos y no tienen que contradecirse en sus principios educativos.

¿CÓMO GESTIONAR UN RETRASO PSICOMOTOR O UNA MINUSVALÍA?

Un trastorno del desarrollo psicomotor genera muy a menudo momentos de sufrimiento y de preocupación, tanto para el hijo como para sus padres. Por lo tanto, adaptar la educación del pequeño a sus necesidades y ayudarlo a gestionar esa dificultad de aprendizaje en el día a día se convierte en una prioridad.

Es todavía más importante ofrecer puntos de referencia tranquilizadores para el lactante y espacios diferenciados para cada actividad: un lugar para dormir, para lavarse, para comer y otro para jugar. Así, podrá comprender más fácilmente lo que se espera de él en función del sitio donde se encuentra.

También hay que saber que, durante los primeros tres años de su vida, el cerebro se caracteriza por una gran sensibilidad a las influencias externas. Es lo que se llama la plasticidad cerebral. Permite que las estructuras cerebrales que todavía no están fijadas desarrollen una función específica en contacto con el entorno. Así, ocuparse de ello de una forma precoz y regular puede influir y desarrollar las capacidades del niño. Existen servicios de acompañamiento y de acogida que cuentan con profesionales capaces de ayudar a los padres y a su hijo a gestionar esta discapacidad, gracias a estructuras y a métodos adaptados.

Algunos enfoques terapéuticos

- **La quinesiterapia neuropediátrica** tiene el objetivo de desarrollar al máximo la motricidad funcional de los niños que sufren de una minusvalía motora. A menudo, se emplean dos métodos en este enfoque: el método Bobath y el método Le Métayer. El concepto Bobath quiere que el niño progrese en su desarrollo sensoriomotriz. Lo ayuda a adaptar sus posturas y sus movimientos para que pueda llevar a cabo sus actividades funcionales y lúdicas con la mayor normalidad posible. Por su parte, la técnica Le Métayer favorece una reeducación a través del conjunto de las actividades del niño, teniendo en cuenta sus dificultades.

- **El *snoezelen*** es un concepto que viene de los Países Bajos, y que ofrece estimulaciones sensoriales. El espacio *snoezelen* es una habitación en la que se puede apelar a todos los sentidos. Por lo tanto, el acompañante solo interviene para ayudar al niño a descubrir la actividad, poniendo, por ejemplo, un objeto a su alcance o llevándolo hacia otra actividad si este último así lo pide, de la manera que sea. A partir de esta comunicación no verbal, se establece una relación con el adulto, y el lactante abandona en cierta manera su soledad para alcanzar un estado de bienestar.
- **La logopedia** ayuda al niño a desarrollar su lenguaje oral y le propone formas de comunicación no verbal en función de sus potencialidades. Este enfoque terapéutico también es muy eficaz para tratar los trastornos de la alimentación y de la deglución, en especial gracias a ejercicios para reforzar los músculos de los órganos digestivos superiores, como la lengua o la faringe.

- **La psicomotricidad relacional y global**, por su parte, ayuda a que el niño se comunique con el cuerpo. Se basa en el juego en un ambiente seguro.

Durante su desarrollo, tu bebé querrá descubrir a los demás y su entorno, y se descubrirá progresivamente a sí mismo. Cada nueva experiencia que viva lo ayudará a realizarse y ampliará su universo. Para que pueda evolucionar, es fundamental que no lo alteres y que respetes sus ritmos. Para estimularlo adecuadamente, piensa en los límites de sus competencias, pero también ten en cuenta la cronología de sus adquisiciones.

PREGUNTAS FRECUENTES

¿CÓMO TENGO QUE REACCIONAR SI MI BEBÉ SE NIEGA A COMER?

Comprueba en primer lugar si está enfermo o indispuesto. Si no es el caso, no lo obligues a comer: un niño que goza de buena salud nunca se deja morir de hambre. La comida tiene que ser un momento de convivialidad, privilegiado. Así, si fuerzas a tu bebé, transformarás este momento en una situación de conflicto. El respeto del niño pasa también por el de sus gustos, así que déjale tiempo para que se adapte. Su negativa no tiene por qué ser definitiva. Proponle de nuevo el alimento, cuidando la presentación de la comida y nombrándolo. Para acabar, haz que tu hijo manipule frutas y verduras para que se familiarice con ellas y sienta ganas de probarlas.

¿QUÉ JUGUETE ESCOJO PARA MI HIJO?

Es fundamental escoger un juguete adaptado a la edad y al nivel de desarrollo de tu hijo, y debe captar su atención. Durante los primeros meses, los juegos deben ser sensoriales, más adelante, motores y, finalmente, educativos. Además, debes estar de acuerdo con el juego, que tiene que ser fácil y seguro de usar. Identifica la mención «CE» y el símbolo de AENOR en las etiquetas, para asegurarte de que se respetan las normas europeas y españolas. Para acabar, nunca le quites su juguete favorito, dado que este último lo tranquiliza y cuenta con propiedades calmantes.

¿QUÉ OPINIÓN MERECEN LOS CHUPETES?

Hay que utilizar el chupete solo como último recurso. Aunque el lactante puede encontrar en él una especie de consuelo o de alivio mientras manifiesta un reflejo de succión, lo cierto es que puede resultar más nefasto que benéfico.

Si le das el chupete en cuanto algo va mal, no solo

se acostumbrará a buscar sistemáticamente una ayuda externa para ser reconfortado, sino que no responderás necesariamente a su necesidad. Dale un poco de tiempo y acabará por encontrar una forma para calmarse por sí solo.

El otro peligro del chupete es que se mantenga un reflejo de succión que retrase el paso hacia la deglución adulta y la masticación, pero también la aparición del habla, puesto que esta sigue la evolución de la deglución. A más largo plazo, seguir con el chupete puede generar trastornos para articular y malposiciones dentarias.

¿CÓMO PUEDO SABER SI ESTIMULO DEMASIADO A MI BEBÉ?

Un recién nacido presta atención y colabora en el juego mientras experimenta placer. Su alegría es obvia y espontánea. Si estimulas demasiado a tu hijo, su conducta te alertará: cansancio e, incluso, adormecimiento, inatención, llanto, etc. Todas estas pequeñas señales te indican que es el momento de parar.

MI HIJO TIENE UN AÑO Y NO HABLA. ¿ES NORMAL?

No te preocupes, cada niño se desarrolla a su propio ritmo y, a menudo, solo se trata de un retraso benigno. La mayoría de los pequeños pronuncian sus primeras palabras entre los 10 y los 15 meses; asocian dos palabras hacia los 18 meses y forman frases cortas hacia los 2 años. Pero esta regla no es universal: si tu hijo no habla, es que quizás se concentre en otras competencias, como la adquisición de la marcha.

Sin embargo, algunas señales pueden alertarte y animarte a consultar a un pediatra: tu hijo no reacciona ante el ruido, tiene infecciones recurrentes del aparato otorrinolaringológico; le resulta difícil comprender; no señala con el dedo los objetos que desea; no busca comunicarse con alguien, etc.

¿CÓMO SÉ SI MI HIJO SUFRE DE UN RETRASO EN SU DESARROLLO?

En cuanto al desarrollo de un hijo prematuro, hay que tener en cuenta su edad corregida durante los dos primeros años de vida. Se corresponde a la edad que habría tenido tu bebé si hubiese nacido a término. Se calcula de la siguiente manera: edad corregida = edad cronológica – número de semanas de prematuridad. Así, un prematuro de 6 meses que haya nacido tras 28 semanas de embarazo tendrá una edad corregida de 3 meses (6 meses – 12 semanas de prematuridad). Por lo tanto, su edad de desarrollo tiene que corresponderse con su edad corregida, y no con su edad real o cronológica.

Si sus aptitudes se encuentran desfasadas, no dudes en consultar a tu pediatra, que buscará la causa de este retraso y te ofrecerá tratamientos y un seguimiento adecuados.

¡Tu opinión nos interesa!
¡Deja un comentario en la página web de tu
librería en línea,
y comparte tus favoritos en las redes sociales!

PARA IR MÁS ALLÁ

FUENTES BIBLIOGRÁFICAS

- Bourrillon, Antoine y Grégoire Benoist. 2013. *Pédiatrie. Réussir les épreuves classantes nationales.* París: Elsevier Masson.

- Browne, Joy V. 2008. "Chemosensory Development in the Fetus and Newborn". *Newborn and Infant Nursing Reviews*, vol. 8, 180-186.

- d'Audiffret, Chantal y Antoine d'Audiffret. 2011. *L'art de vivre en famille(s).* París: Éditions de l'Atelier.

- de Broca, Alain. 2006. *Le développement de l'enfant: aspects neuro-psycho-sensoriels.* París: Elsevier Masson.

- de Truchis, Chantal. 2009. *L'éveil de votre enfant: le tout-petit au quotidien.* París: Albin Michel.

- Ferland, Francine. s. f. "Jouer avec bébé". *Naître et grandir.* Consultado el 3 de diciembre de 2017. http://naitreetgrandir.com/fr/etape/0_12_mois/fiches-activites/fiche.aspx?doc=bg-naitre-grandir-jouer-bebe

- Landrieu, Pierre y Marc Tardieu. 2001. *Neurologie pédiatrique.* París: Elsevier Masson.

- Le Métayer, Michel. 1999. *Rééducation cérébro-motrice du jeune enfant. Éducation thérapeutique.* París: Elsevier Masson.

- Maury, M. s. f. "Développement affectif du nourrisson. L'installation précoce de la relation mère-enfant et son importance". *Faculté de Médecine de Toulouse.* Consultado el 3 de diciembre de 2017. www.medecine.ups-tlse.fr/dcem3/module03/08.DEVELOPPEMENTAFFECTIF(3-3.pdf

- Place, Marie-Hélène. 2012. *60 activités Montessori pour mon bébé.* París: Nathan.

- Valleteau de Moulliac, Jérôme, Jean-Paul Gallet y Bertrand Chevalier. 2005. *Guide pratique de la consultation en pédiatrie.* París: Elservier Masson.

FUENTES COMPLEMENTARIAS

- Choque, Jacques. 1997. *Massages pour les bébés et les enfants.* París: Albin Michel.

- Kavanagh, Wendy. 2006. *Le massage des bébés.* París: Le Courrier du Livre.

- Leboyer, Frédérick. 2004. *Shantala: un art traditionnel, le massage des enfants.* París: Éditions du Seuil.

- Quentin, Olivier, Bernard Godderidge y Patrice d'Arfeuille. 2010. *Snoezelen, un monde de sens.* París: Éditions Pétrarque.

- Rossant-Lumbroso, Jacqueline. 2006. *Bien nourrir bébé de 0 à 3 ans*. París: Odile Jacob.

www.50Minutos.es

ISBN ebook: 9782806299635

ISBN papel: 9782806299642

Depósito legal: D/2017/12603/392

Libro realizado por Primento, el socio digital de los editores